NOUVEL ALPHABET
DES
ANIMAUX
ILLUSTRÉ
SUIVI D'HISTORIETTES, FABLES ET CONTES
POUR
L'INSTRUCTION ET L'AMUSEMENT DE LA JEUNESSE,
Orné de 52 figures.

PARIS,
LE BAILLY, LIBRAIRE,
rue Cardinale, 6, près la rue de Buci,
faubourg Saint-Germain.

NOUVEAU
SYLLABAIRE
DES
ANIMAUX

LE CHIEN DE CHASSE

NOUVEL ALPHABET
DES
ANIMAUX
ILLUSTRÉ

SUIVI D'HISTORIETTES, FABLES ET CONTES

POUR

L'INSTRUCTION ET L'AMUSEMENT DE LA JEUNESSE,

Orné de 52 figures.

PARIS,

LE BAILLY, LIBRAIRE,

rue Cardinale, 6, près la rue de Buci,

faubourg Saint-Germain

1861

(205)

MAJUSCULES.

A	B	C	D	E
F	G	H	I	J
K	L	M	N	O
P	Q	R	S	T
U	V	X	Y	Z

MINUSCULES.

a b c d e f g h
i j k l m n o p q
r s t u v x y z

GOTHIQUE.

𝔄 𝔅 ℭ 𝔇 𝔈 𝔉 𝔊 𝔥
𝔍 𝔍 𝔎 𝔏 𝔐 𝔑 𝔒 𝔓
𝔔 𝔕 𝔖 𝔗 𝔘 𝔙 𝔛 𝔜 𝔷

ANGLAISE.

A B C D E F G H I
J K L M N O P Q R
S T U V X Y Z W

RONDE.

A B C D E F G H I K
L M N O P Q R S T
U V X Y Z W

VOYELLES.

a e é è i y o u

CONSONNES.

b c d f g h j k l m n p
q r s t v x z

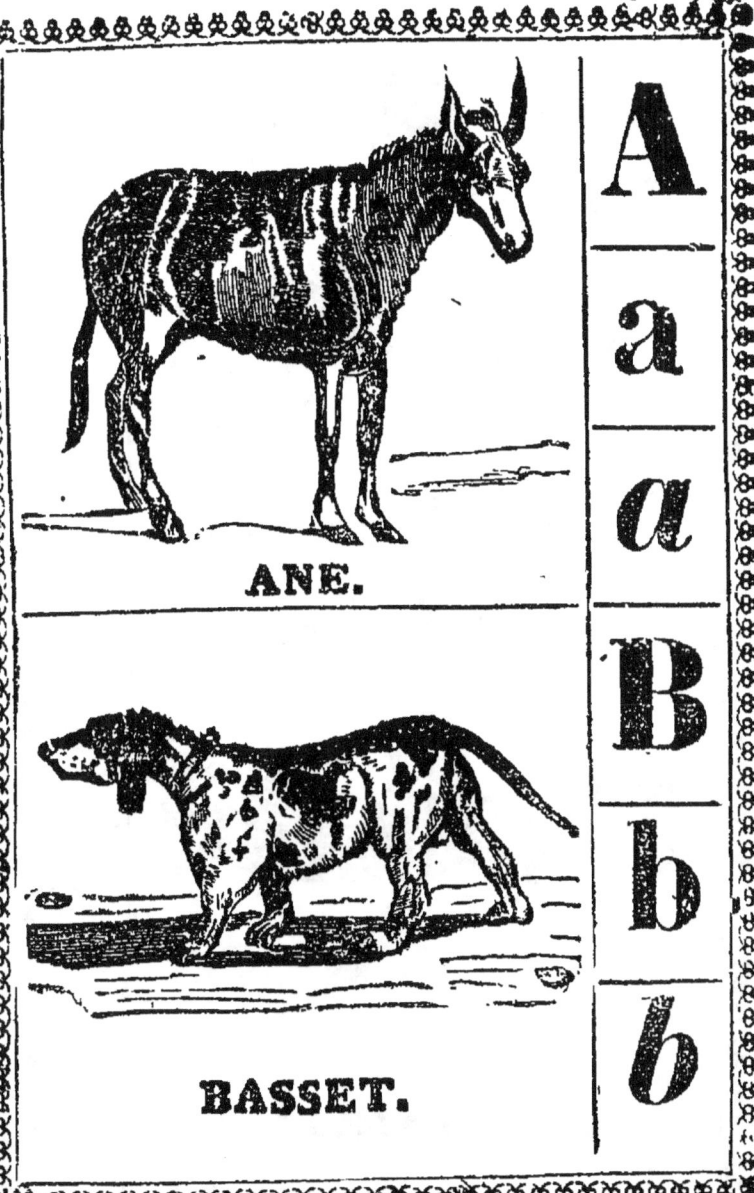

INSECTES.

IJ ij ïj K k k

KEVEL.

LION.

MUSC.

L l I i

M m m

NANGUER.

OURS.

	R	r
ROLOWAY.		
SPATULE.	S	s

TAUREAU.

URSON.

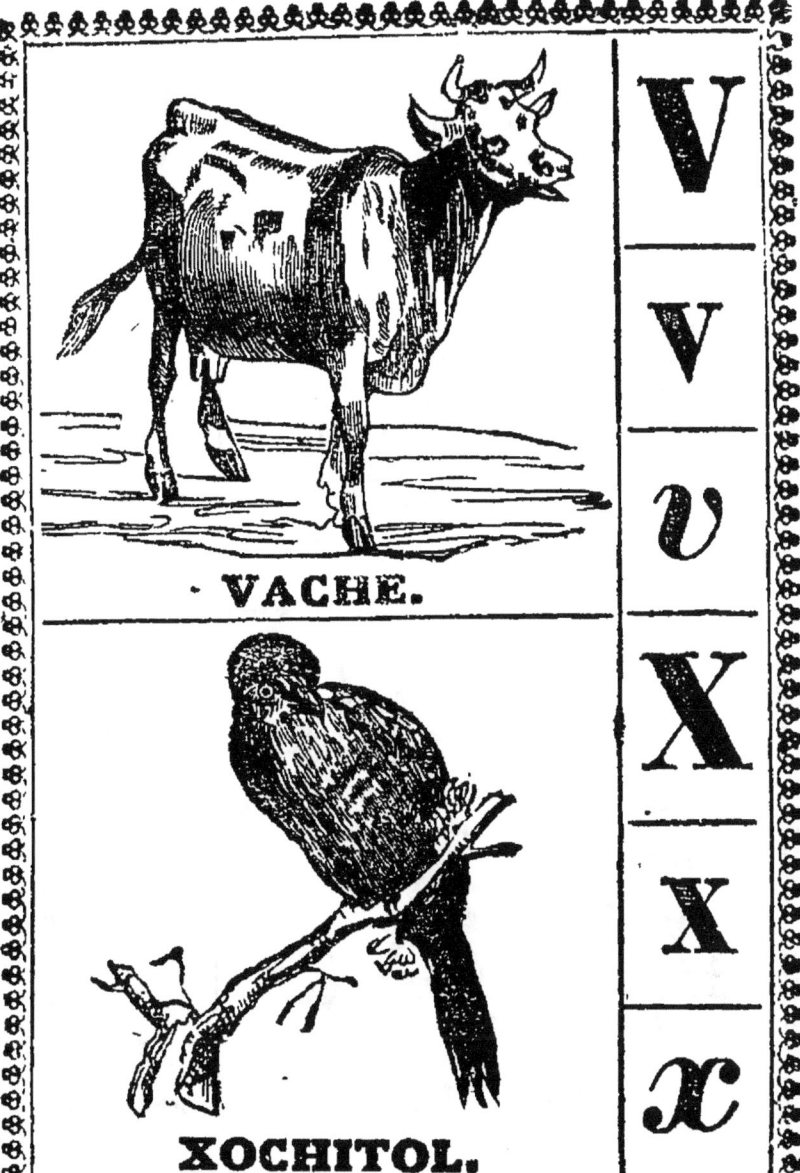

YARQUÉ.

ZÈBRE.

SYLLABES.

ba	be	bi	bo	bu
ca	ce	ci	co	cu
da	de	di	do	du
fa	fe	fi	fo	fu
ga	ge	gi	go	gu
ha	he	hi	ho	hu
ja	je	ji	jo	ju
ka	ke	ki	ko	ku
la	le	li	lo	lu
ma	me	mi	mo	mu
na	ne	ni	no	nu
pa	pe	pi	po	pu

qua	que	qui	quo	quu
ra	re	ri	ro	ru
sa	se	si	so	su
ta	te	ti	to	tu
va	ve	vi	vo	vu
xa	xe	xi	xo	xu
za	ze	zi	zo	zu
ai	ci	oi	ui	oua
an	en	in	on	un
ar	er	ir	or	ur
au	eu	oi	ou	oui
ay	ia	ié	io	ieu
ian	ien	ion	uin	oin

AUTRES SYLLABES.

pha	phe	phé	phè	phi	pho	phu
		se prononcent comme				
fa	fe	fé	fè	fi	fo	fu

gea	ge	gé	gè	gi	geo	geu
			comme			
ja	je	jé	jè	ji	jo	ju

rha	rhe	rhé	rhè	rhi	rho	rhu
			comme			
ra	re	ré	rè	ri	ro	ru

ça	çe	çé	çè	çi	ço	çu
			comme			
sa	se	sé	sè	si	so	su

tha	the	thé	thè	thi	tho	thu
			comme			
ta	te	té	tè	ti	to	tu

MOTS DE DEUX SYLLABES.

Pa pa.
Ma man.
Fan fan.
Gâ teau.
Jou jou.
Da da.
Tou tou.
Pou pée.
Dra gée.

MOTS DE TROIS SYLLABES.

Bé guin.
Ca ba ne.
Ca ba ret.
Cap tu rer.
Da moi seau.
Dé chi rer.
É tren ner.
Fan tai sie.
Gra pil ler.

MOTS DE QUATRE SYLLABES.

In con ti nent.
Ju di ci eux.
Ju ri di que.
La pi dai re.
Lai ti è re.
Mas ca ra de.
Né gli gen ce.
O ri gi nal.
Pardon na ble

MOTS SYLLABÉS ITALIQUES.

Au then ti que ment
Ban que rou ti er
Ci vi li sa ti on
Dé sin té res se ment
Ex com mu ni ca ti on
Fa bu leu se ment
Ges ti cu leu se ment
Ha bi tu el le ment
In cor ri gi ble
Jus ti fi ca ti on
Li mo na di er
Ma nu fac tu ri er
Na tu rel le ment
Obs ti na ti on
Par ti cu li è re ment

LES ROSES
ET LES ABEILLES.

Un jour, Adolphe cueillit une rose avec tant de promptitude, qu'une épine le déchira vilainement. Plus tard, apercevant une ruche, il s'en approcha sans précaution, dans l'espoir de goûter du miel qu'il aimait par-dessus toute chose; mais les abeilles irritées le piquèrent cruellement.

Adolphe, surpris et fondant en larmes, demanda à son père : « Pourquoi les roses, qui charment tant par leur beauté, ont-elles des épines dangereuses; et les abeilles dont le miel est si doux, des dards qui causent de si vives douleurs ? »

Son père lui répond :
« Les enfants étourdis ne s'attachent qu'à l'apparence, sans songer aux périls. La rose est la plus belle des fleurs ; le miel le don le plus doux de la nature ; mais, pour en jouir, il faut prendre de sages précautions. Telle n'a pas été ta conduite. »

LA POULE.

Brigitte était une pauvre fille qui gagnait sa vie à filer. Un soir que sa porte était ouverte, la poule noire et huppée de sa voisine entra, l'œil éveillé, dans sa chambre; comme elle n'était pas farouche, Brigitte la saisit facilement et la cacha dans son grenier. Elle me pondra chaque jour un œuf, dit-elle, et personne n'en aura connaissance.

La poule, en effet, dès le lendemain, lui donna un œuf, mais elle fit entendre un gloussement particulier qui annonçait son envie de couver. Cette circonstance que Brigitte n'avait pas prévue, lui causa de vives alarmes. La voisine, qui

qui était à la recherche de sa poule, en tra vivement et la reprit, après avoir accablé la voleuse des plus vifs reproches. Tout le village apprit cette action, et Brigitte, privée des secours qu'elle en recevait, pleura sa faute, mais elle apprit à ses dépens combien il est difficile de regagner la confiance publique, une fois qu'on l'a perdue.

ORAISON DOMINICALE.

Notre Père, qui êtes dans les cieux, que votre nom soit sanctifié; que votre règne arrive; que votre volonté soit faite en la terre comme au ciel. Donnez-nous aujourd'hui notre pain quotidien, et pardonnez-nous nos offenses comme nous pardonnons à ceux qui nous ont offensés; et ne nous laissez point succomber à la tentation; mais délivrez-nous du mal. Ainsi soit-il.

LA SALUTATION ANGÉLIQUE.

Je vous salue, Marie, pleine de grâce, le Seigneur est avec vous. Vous êtes bénie entre toutes les femmes; et Jésus, le fruit de vos entrailles, est béni.

Sainte Marie, Mère de Dieu, priez pour nous, pauvres pécheurs, maintenant, et à l'heure de notre mort. Ainsi soit-il.

SYMBOLE DES APOTRES.

Je crois en Dieu, le Père tout-puissant, créateur du ciel et de la terre, et en Jésus-Christ, son Fils unique, notre Seigneur, qui a été conçu du Saint-Esprit, est né de la Vierge Marie, a souffert sous Ponce-Pilate, a été crucifié, est mort, et a été enseveli; est descendu aux enfers; et le troisième jour est ressuscité d'entre les morts; est monté aux cieux, est assis à la droite de Dieu, le Père tout-puissant, d'où il viendra juger les vivants et les morts.

Je crois au Saint-Esprit, à la sainte Eglise Catholique, à la Communion des Saints, à la rémission des péchés, à la résurrection de la chair et à la vie éternelle. Ainsi soit-il.

PRIÈRE AVANT LE REPAS.

Bénissez, ô mon Dieu! cette nourriture que nous devons à votre aimable Providence, et faites-nous la grâce de n'user de vos dons que pour votre gloire et notre salut. Par Jésus-Christ Notre-Seigneur. Ainsi soit-il.

APRÈS LE REPAS.

Seigneur, nous vous rendons grâces de la nourriture que vous venez de nous accorder, et nous vous prions de nous bénir, ainsi que tous ceux qui nous font quelque bien. Par Jésus-Christ Notre-Seigneur. Ainsi soit-il.

LES COMMANDEMENS DE DIEU.

1. Un seul Dieu tu adoreras
   Et aimeras parfaitement.
2. Dieu en vain tu ne jureras,
   Ni autre chose pareillement.
3. Les dimanches tu garderas,
   En servant Dieu dévotement.
4. Tes père et mère honoreras,
   Afin de vivre longuement.
5. Homicide point ne seras,
   De fait ni volontairement.
6. Impudique point ne seras,
   De corps ni de consentement.
7. Le bien d'autrui tu ne prendras,
   Ni retiendras injustement.
8. Faux témoignages ne diras,
   Ni mentiras aucunement.
9. L'œuvre de chair ne désireras
   Qu'en mariage seulement.
10. Biens d'autrui ne convoiteras
    Pour les avoir injustement.

LES COMMANDEMENS DE L'ÉGLISE.

1. Les dimanches, messe entendras,
   Et les fêtes pareillement.
2. Les fêtes tu sanctifieras,
   Qui te sont de commandement.
3. Tous tes péchés confesseras,
   A tout le moins une fois l'an.
4. Ton créateur tu recevras
   Au moins à Pâques humblement.
5. Quatre-tems, vigiles jeûneras,
   Et le carême entièrement.
6. Vendredi chair ne mangeras,
   Ni le samedi mêmement.

TABLE DE NUMÉRATION.

	chiffres arabes	chiffres romains
Un...............	1...	I.
Deux............	2...	II.
Trois............	3...	III
Quatre..........	4...	IV.
Cinq............	5...	V.
Six.............	6...	VI.
Sept............	7...	VII.
Huit............	8...	VIII.
Neuf............	9...	IX.
Dix.............	10...	X.
Vingt............	20...	XX.
Trente...........	30...	XXX.
Quarante........	40...	XL.
Cinquante.......	50...	L.
Soixante.........	60...	LX.
Soixante-dix.....	70...	LXX.
Quatre-vingts....	80...	LXXX.
Quatre-vingt-dix..	90...	XC.
Cent............	100...	C.
Deux cents......	200...	CC.
Trois cents......	300...	CCC.
Quatre cents.....	400...	CCCC.
Cinq cents.......	500...	D ou IƆ.
Six cents........	600...	DC.
Sept cents.......	700...	DCC.
Huit cents.......	800...	DCCC.
Mille............	1000...	M ou CIƆ.

TABLE DE MULTIPLICATION.

2	fois	2	font	4	5	fois	5 font	25
2	—	3	—	6	5	—	6 —	30
2	—	4	—	8	5	—	7 —	35
2	—	5	—	10	5	—	8 —	40
2	—	6	—	12	5	—	9 —	45
2	—	7	—	14	5	—	10 —	50
2	—	8	—	16				
2	—	9	—	18	6	—	6 —	36
2	—	10	—	20	6	—	7 —	42
					6	—	8 —	48
3	—	3	—	9	6	—	9 —	54
3	—	4	—	12	6	—	10 —	60
3	—	5	—	15				
3	—	6	—	18	7	—	7 —	49
3	—	7	—	21	7	—	8 —	56
3	—	8	—	24	7	—	9 —	63
3	—	9	—	27	7	—	10 —	70
3	—	10	—	30				
					8	—	8 —	64
4	—	4	—	16	8	—	9 —	72
4	—	5	—	20	8	—	10 —	80
4	—	6	—	24				
4	—	7	—	28	9	—	9 —	81
4	—	8	—	32	9	—	10 —	90
4	—	9	—	36				
4	—	10	—	40	10	—	10 —	100

DIVISION DU TEMPS.

Cent ans font un siècle.

Il y a douze mois dans un an.

Il y a trente jours dans un mois.

Trois cent soixante-cinq jours font un an.

On divise le mois en quatre semaines; chaque semaine est composée de sept jours que l'on nomme: Lundi, Mardi, Mercredi, Jeudi, Vendredi, Samedi, Dimanche.

Les mois de l'année sont: Janvier, Février, Mars, Avril, Mai, Juin, Juillet, Août, Septembre, Octobre, Novembre, Décembre.

Il y a quatre saisons dans l'année, que l'on appelle: le Printemps, l'Été, l'Automne et l'Hiver.

L'Automne commence au 24 Septembre;
L'Hiver au 23 Décembre;
Le Printemps au 22 Mars;
L'Été au 20 Juin

Les jours diminuent depuis le commencement de l'été jusqu'à la fin de l'automne, et ils augmentent depuis le commencement de l'hiver jusqu'à la fin du printemps.

ARSENAL DE TOULON.

UNE MESSE AU CAMP.

JEANNE HACHETTE AU SIÉGE DE BEAUVAIS.

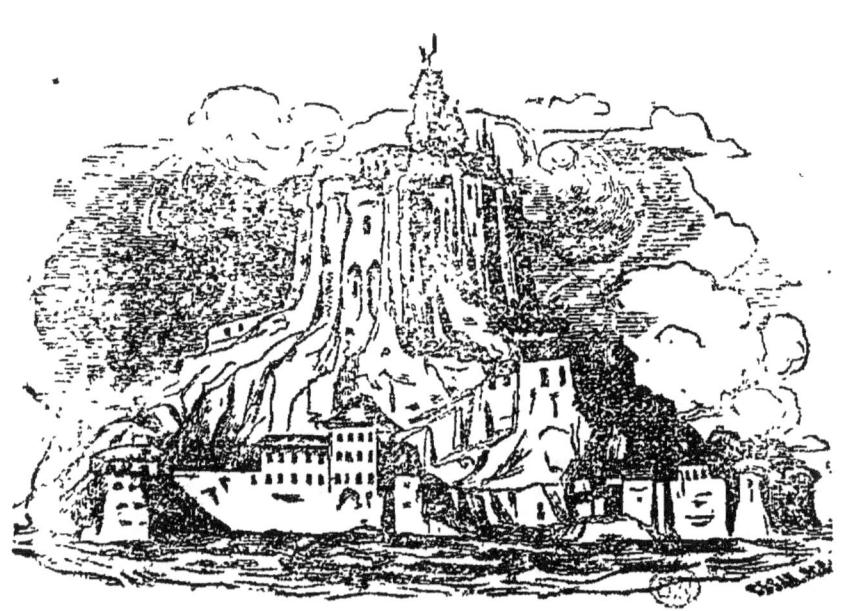

MONT SAINT-MICHEL.

DÉLASSEMENTS DE LA JEUNESSE
OU
CHOIX D'HISTORIETTES
Intéressantes et Morales.

—

MICHEL OU LE PETIT IGNORANT.

Michel n'avait jamais été à l'école; il ne savait pas lire, ne comprenait ou ne retenait rien de ce qu'on lui disait, n'aimait point à travailler, et faisait tout de travers. Lorsqu'il fut devenu grand, ses parents moururent. Michel résolut alors d'entrer en service chez un maître. Il alla en trouver un et lui demanda une place de domestique pour les gages ordinaires. Mais que savez-vous? lui demanda le maître. Je puis manger, dormir, lui répondit Michel : quant au travail que vous exigez de moi, je compte l'apprendre chez vous. Non, mon ami, lui dit le maître, si vous voulez entrer à mon service, il faut que vous sachiez déjà travailler, ou bien vous me servirez sans recevoir de gages. Pour ne pas mourir de faim, Michel se vit obligé de servir sans gages pendant quelques années; le travail lui parut bien rude, parce qu'il n'y avait point été accoutumé dès sa jeunesse.

>Heureux qui de l'étude
>Dès l'enfance a le goût!
>Du travail le plus rude
>Il vient toujours à bout.

LE PETIT IMPRUDENT.

Deux enfants venaient de sortir de la classe, et se demandèrent à quel jeu ils voulaient jouer. Charles, le plus âgé, mais non pas le plus sage, dit : « Allons sur la glace et glissons un peu. » Le petit Eugène, bien plus sensé, dit : « Non, Charles, je n'y vais pas Il n'a gelé que depuis peu de jours. Jusqu'ici je n'y ai encore vu un seul homme grand. Nous pouvons nous noyer » Mais Charles fut sourd à ces remontrances. A peine fut-il au milieu de la rivière, qu'elle se rompit, et il ne fut sauvé qu'avec bien de la peine.

L'homme en qui la raison et les ans sont unis
Peut seul, ô mes enfants, prétendre au nom de sage;
    Toute la sagesse à votre âge
    Est d'obéir à de sages avis.

LA PETITE MENTEUSE.

Lise fut un jour envoyée par sa mère au jardin afin de cueillir d'un cerisier, qui n'était pas fort haut, quelques cerises pour en rafraîchir son frère malade. Il n'y avait que très-peu de cerises cette année-là, et on les conservait uniquement pour les malades. La mère avait recommandé à Lise de ne pas en manger. A son retour elle fut questionnée par sa mère, et elle assura n'y avoir pas touché. Mais en ouvrant la bouche, la mère découvrit sur sa langue et sur ses dents les traces des cerises qu'elle avait mangées; et pour sa gourmandise et son mensonge la petite Lise fut châtiée par sa maman :

Il ne faut, mes enfants, ni tromper ni mentir :
L'honnête homme toujours dit la vérité pure.
Soit pour vous excuser, soit pour vous divertir,
Ne vous permettez pas la plus faible imposture.

LA FRIANDISE.

Paul avait été trop dorloté par ses parents. Il ne voulait manger ni de ceci, ni de cela. Il critiquait tout à table, et engageait souvent par là ceux qui mangeaient avec lui, à mépriser et à rejeter les aliments dont ils auraient pu se rassasier en témoignant à Dieu leur reconnaissance. Au lieu de cela il achetait du pain blanc, du gâteau, des bonbons, et dépensait de cette manière tous ses gages. Aussi ne restait il jamais longtemps au même service ; on le renvoyait à tout moment, parce qu'il ne faisait que causer du désordre. Il vint un temps de cherté, et Paul fut obligé de mendier son pain. Il se présenta entr'autres, à la porte d'un de ses maîtres, dont il avait souvent méprisé la table, et n'obtint qu'avec peine un morceau de pain moisi.

Si vous êtes tentés par quelque friandise,
Craignez, en succombant, de vous faire du mal ;
Un instant de plaisir peut devenir fatal,
Et bientôt la douleur punit la gourmandise.

L'ENFANT SINCÈRE ET OBÉISSANT.

Désirée était sincère et pleine de franchise; quand, faute d'attention, elle ne savait pas une chose, elle l'avouait sur-le-champ à son maître et lui disait : « Je n'ai pas bien pris garde, mais je « veux me corriger; je vous prie de me « répéter la chose encore une fois. » Quand ses parents lui reprochaient quelque faute, elle ne cherchait pas à l'excuser ou à la diminuer, mais elle disait : « J'ai tort, je mérite d'être pu- « nie, et je veux m'y soumettre; mais « rendez-moi aussi votre tendresse, « mes chers parents, car ce qui m'affli- « gerait le plus, ce serait de n'être plus « aimée de vous. »

Enfants, quelque irrité que vous paraisse un père,
Croyez qu'il est toujours votre ami le plus doux.
Son cœur, en vous montrant un courroux nécessaire,
Le fait pour votre bien et souffre plus que vous.

LA CAUSE ET L'EFFET.

« Je ne sais d'où vient que rien ne me réussit, disait Édouard; je suis toujours de mauvaise humeur; personne ne m'aime et je suis souvent puni! » Je vous en dirai bien la raison, répondit Frédéric; vous n'aimez pas à travailler, vous avez une mauvaise conscience, vous chagrinez tout le monde et vous faites souvent des actions que la morale ne peut laisser impunies. Vous voyez bien que vous avez tort de vous plaindre, car telle cause, tel effet.

Ne vous écartez point des lois de la décence;
Modeste avec vous-même, et modeste avec tous,
Respectez-vous pour eux, respectez-les pour vous :
A tout âge on ne plaît que par son innocence.

FABLE I.

LES DEUX VOYAGEURS.

Le compère Thomas et son ami Lubin
Allaient à pied tous deux à la ville prochaine.
    Thomas trouve sur son chemin
    Une bourse de louis pleine ;
Il l'empoche aussitôt. Lubin d'un air content
    Lui dit : Pour nous la bonne aubaine !
    Non, répond Thomas froidement,
Pour nous n'est pas bien dit ; *pour moi* c'est différent.
Lubin ne souffle plus : mais en quittant la plaine
Ils trouvent des voleurs cachés au bois voisin.
    Thomas tremblant, et non sans cause,
Dit : Nous sommes perdus ! Non, lui répond Lubin,
Nous n'est pas le vrai mot ; mais *toi* c'est autre chose ;
Cela dit, il s'échappe à travers les taillis.
Immobile de peur, Thomas est bientôt pris :
    Il tire la bourse et la donne.

    Qui ne songe qu'à soi quand sa fortune est bonne
        Dans le malheur n'a point d'amis.

L'HIRONDELLE.

LE SERPENT BOA. MANIÈRE DE LE PRENDRE.

FABLE II.

LE PERROQUET.

Un gros perroquet gris, échappé de sa cage,
    Vint s'établir dans un bocage ;
Et là, prenant le ton de nos faux connaisseurs,
Jugeant tout, blâmant tout d'un air de sufisance,
Au chant du rossignol il trouvait des longueurs,
    Critiquait surtout sa cadence.
Le linot, selon lui, ne savait pas chanter ;
La fauvette aurait fait quelque chose peut-être
    Si de bonne heure il eût été son maitre,
    Et qu'elle eût voulu profiter.
Enfin aucun oiseau n'avait l'art de lui plaire,
Et dès qu'ils commençaient leurs joyeuses chansons,
Par des coups de sifflet répondant à leurs sons,
    Le perroquet les faisait taire.
Lassés de tant d'affronts, tous les oiseaux du bois
Viennent lui dire un jour : Mais parlez donc, beau sire,
Vous qui sifflez toujours, faites qu'on vous admire
Sans doute vous avez une brillante voix,
    Daignez chanter pour nous instruire.
    Le perroquet, dans l'embarras,
Se gratte un peu la tête, et finit par leur dire :
Messieurs, je siffle bien, mais je ne chante pas.

FABLE III.

LA GRENOUILLE QUI SE VEUT FAIRE AUSSI GROSSE QUE LE BŒUF.

Une grenouille vit un bœuf
Qui lui sembla de belle taille.
Elle, qui n'était pas grosse en tout comme un œuf,
Envieuse, s'étend, et s'enfle, et se travaille,
Pour égaler l'animal en grosseur,
Disant : Regardez bien, ma sœur,
Est-ce assez, dites-moi ; n'y suis-je point encore? —
Nenni. — M'y voici donc ? — Point du tout. — M'y voilà ? —
Vous n'en approchez point. La chétive pécore
S'enfla si bien qu'elle creva.

Le monde est plein de gens qui ne sont pas plus sages,
Tout bourgeois veut bâtir comme les grands seigneurs,
Tout petit prince à des ambassadeurs,
Tout marquis veut avoir des pages.

LE LOUP SURPRIS.

CHEVAL ARABE.

FABLE IV.

LE LION ET LE CHASSEUR.

Un fanfaron, amateur de la chasse,
Venant de perdre un chien de bonne race,
Qu'il soupçonnait dans le corps d'un lion,
Vit un berger : Enseigne-moi, de grâce,
De mon voleur, lui dit-il, la maison,
Que de ce pas je me fasse raison.
Le berger dit : C'est vers cette montagne.
En lui payant de tribut un mouton
Par chaque mois, j'erre dans la campagne
Comme il me plaît ; et je suis en repos.
Dans le moment qu'ils tenaient ces propos,
Le lion sort, et vient d'un pas agile.
Le fanfaron aussitôt d'esquiver,
O Jupiter, montre-moi quelque asile,
S'écria-t-il, qui me puisse sauver !

    La vraie épreuve du courage
N'est que dans le danger que l'on touche du doigt.
Tel le cherchait, dit-il, qui, changeant de langage,
    S'enfuit aussitôt qu'il le voit.

LA CHAUMIÈRE DU BUCHERON.

LE GÉANT PÉRIFÉRIGÉRILÉRIMINI

Le petit Chaperon rouge.

CONTE.

Il était une fois une petite fille de village, la plus jolie qu'on eût su voir; sa mère en était folle et sa mère-grand plus folle encore. Cette bonne femme lui fit faire un petit chaperon rouge, qui lui seyait si bien, que partout on l'appelait le chaperon-Rouge.

Un jour sa mère, ayant fait des galettes, lui dit: Va voir comment se porte ta mère-grand, car on m'a dit qu'elle était malade; porte-lui une galette et ce petit pot de beurre. Le petit Chaperon-Rouge partit aussitôt pour aller chez sa mère-grand. qui demeurait dans un autre village. En passant dans un bois elle rencontra compère le loup, qui eut bien envie de la manger ; mais il n'osa à cause de quelques bûcherons qui étaient dans la forêt. Il lui demanda où elle allait. La pauvre enfant, qui ne savait pas qu'il était dangereux de s'arrêter à écouter un loup, lui dit : Je vais voir ma mère-grand, et lui porter une galette avec un petit pot de beurre que ma mère lui envoie. — Demeure-t-elle bien loin ? lui dit le loup.—Oh ! oui, lui dit le petit-Chaperon-Rouge, c'est par delà le moulin que vous voyez tout là-bas, là-bas, à la première maison du village. Eh bien ! dit le loup, je veux l'aller voir aussi, et je m'y en vais par ce chemin-ci et toi par ce chemin là, et nous verrons à qui plus tôt y sera.

Le loup se mit à courir de toute sa force par le chemin qui était le plus court, et la petite fille s'en alla par le chemin le plus long, s'amusant à cueillir des noisettes et à faire des bouquets de petites fleurs. Le loup arriva bientôt à la maison de la mère-grand, il heurta, toc, toc.—Qui est là ? C'est votre fille, le petit Chaperon-Rouge, dit le loup, en contrefaisant sa voix, qui vous apporte une galette et un petit pot de beurre que ma mère vous envoie. La bonne mère-grand, qui était dans son lit, lui cria : tire la chevillette, la bobinette cherra. Le loup tira la chevillette et la porte s'ouvrit. Il se jeta sur la bonne femme et la dévora en moins de rien, car il y avait plus de trois jours qu'il n'avait mangé ; ensuite il ferma la porte, et alla se coucher dans le lit de la mère-grand, en attendant le petit Chaperon-Rouge, qui quelque temps après vint heurter à la porte. Toc, toc. Qui est là ? Le petit Chaperon-Rouge, qui entendit la grosse voix du loup, eut peur d'abord, mais croyant que sa mère-grand était enrhumée, répondit : C'est votre fille, le petit Chaperon-Rouge, qui vous apporte une galette et un petit pot de beurre que ma mère vous envoie. Le loup lui cria en adoucissant un peu sa voix : Tire la chevillette, la bobinette cherra. Le petit-Chaperon-Rouge tira la chevillette, et la porte s'ouvrit.

Le loup la voyant entrer, lui dit en se cachant dans le lit, sous la couverture : Mets la galette et le petit pot de beurre sur la huche, et viens te coucher avec moi. Le petit-Chaperon se déshabille, et va se mettre dans le lit, où elle fut étonnée de voir comment sa mère-grand était faite en son déshabillé. Elle lui dit : Ma mère-grand, que vous avez de grands bras! —C'est pour mieux t'embrasser ma fille. — Ma mère-grand, que vous avez de grandes jambes ! — C'est pour mieux courir mon enfant. — Ma mère-grand que vous avez de grandes oreilles ! — C'est pour mieux écouter, mon enfant. — Ma mère grand, que vous avez de grands yeux ? — C'est pour mieux voir, mon enfant. — Ma mère-grand, que vous avez de grandes lents. — C'est pour te manger ; et en disant ces mots, le méchant loup se jeta sur le petit-Chaperon-Rouge et le mangea.

MORALITÉ.

On voit ici que de jeunes enfants
   Surtout de jeunes filles,
Belles, bien faites et gentilles,
Font très mal d'écouter toute sorte de gens,
   Et que ce n'est pas chose étrange,
   S'il en est tant que le loup mange ;
   Je dis le loup, car tous les loups
   Ne sont pas de même sorte ;
   Il en est d'une humeur accorte,
Sans bruit, sans fiel et sans courroux ;
   Qui, privés, complaisants et doux,
   Suivent les jeunes demoiselles
usque dans les maisons, jusque dans les ruel-
                             les,
Mais, hélas ! qui ne sait que ces loups douce-
                             reux
   De tous les loups sont les plus dangereux.

Le Géant

PERIFERIGERILERIMINI.

—

Deux petites filles et leur jeune frère, nommés Suzette, Isaure et Charlot, demandèrent un jour à leur maman la permission d'aller se promener dans la grande rue. Je le veux bien, leur dit leur maman; mais c'est à condition que vous n'entrerez pas dans le bois qui est au bout; car vous savez, on vous l'a souvent dit, qu'il apparaît quelquefois, dans ce bois, un géant terrible, nommé Périférigérilérimini, qui emporte les petits enfants dans son antre sauvage, où il les mange. Prenez-y bien garde; vous me promettez de ne pas entrer dans ce bois dangereux.

Les trois enfants répondent ensemble : Oh! oui, maman.

La mère ajoute : Isaure, toi qui es la plus grande, je te recommande de veiller sur ton frère et ta sœur. — Oh! oui, maman. — Allez et ne soyez pas long-temps. — Oh! non, maman.

Tous les enfants disent toujours : *Oh! oui, maman : oh! non, maman*; mais ils sont disposés à désobéir. Ceux-ci firent comme les autres. Ils virent, de loin, le bois rempli de fraises et de roses de haie. Oh! les bonnes fraises, dit Isaure.

Oh! les belles roses! s'écria Suzette.

Moi, dit Charlot, je ne suis pas pour les roses, mais pour les fraises.

Isaure avait dix ans, Charlot neuf, et Suzette huit; ils étaient bien jeunes et gourmands, ah!

Ils entrent dans le bois; ils cueillent, ils mangent; et comme l'appétit vient en mangeant, ils s'enfoncent, sans s'en apercevoir dans l'épaisseur du bois. Un géant leur apparaît, un géant d'au moins quarante pieds de haut, vêtu de feuillages, et portant une longue massue faite d'un chêne tout entier.

Nos enfants jettent un cri et veulent fuir; mais le géant qui parcourt vingt pieds par chaque pas qu'il fait, les a bientôt attrapés. Je suis friand de petits enfants, dit-il d'une voix de tonnerre : en voilà trois, c'est bon, ce sera pour mon dîner et mon souper,

En disant cela, il prend les trois enfants dans une main, les couvre de l'autre, comme s'il les mettait dans une boîte, et les emporte dans son antre, où il les enferme.

Tandis que Suzette se contente de pleurer amèrement, sa sœur Isaure et le petit Charlot font mille reproches au géant, lui disent cent sottises, et le menacent de le mordre, de l'égratigner, s'il ose les approcher.

Crois-tu que tu nous auras comme cela? dit Charlot, vilain borgne (le géant n'avait qu'un œil).

Charlot prend un couteau de trois pieds de long qu'il trouve sur une table; Isaure s'empare d'une paire de ciseaux de la même taille, et tous deux se préparent à une défense opiniâtre.

Le géant leur dit, en écumant de colère : Vous allez voir petits vermisseaux, si le géant Périférigérilérimini a peur de vous.

Il les prend, leur coupe le cou, les déshabille et les met sur le gril.

Pendant qu'ils cuisent, Suzette, mourant de peur, dit en feignant de sourire : Oh! monsieur le géant, j'espère bien que vous ne m'en ferez pas autant qu'à mon frère et à ma sœur? —Tout autant, petite. Je vais dîner avec eux; et comme je mange peu le soir, je te servirai pour mon souper. — Oh! vous n'auriez pas cette barbarie! — Pourquoi? — C'est que je suis douce, moi; je ne dis pas de sottises à personne, et je trouve tout naturel qu'un seigneur tel que vous, qui aime la chair fraîche des petits enfants, s'en régale, surtout quand ils ont mérité de mourir pour avoir désobéi à leur maman. — Ah! vous avez désobéi! — Moi un peu moins que mon frère et ma sœur. Je leur disais sans cesse : Prenez garde; vous pouvez être pris par le grand, le puissant, le très haut seigneur Périférigérilérimini. Il peut être indulgent pour l'enfance, timide, douce, modeste; mais, si vous lui manquez, si vous l'insultez, il vous croquera et il fera bien.

LE GÉANT, *à part.* Hom, cette petite fille est

très-polie, très-honnête. (*Haut*,) Tu n'as donc pas peur de moi.

SUZETTE. Pas la moindre peur. Eh! pourquoi me mangeriez-vous? Je ne vous ai fait aucun mal. Je n'ai pas pris des couteaux, des ciseaux, pour vous opposer une défense aussi ridicule qu'inutile; et, quand vous me croqueriez, vous n'en seriez guère plus gras.

LE GÉANT, *à part*. Elle a de l'esprit. (*Haut.*) Mais si c'est mon goût de manger les petits enfants?...

SUZETTE. Mangez ceux qui sont méchants; vous n'en manquerez pas : il y en a tant! Vous ne serez embarrassé que de savoir à quelle sauce les mettre.

LE GÉANT. Oh! je les fais rôtir; c'est meilleur.

SUZETTE. Je le crois; cela doit être tout-à-fait friand. Moi, je vous ferais un triste ragoût, je vous l'assure.

LE GÉANT. Pourquoi ?

SUZETTE. Je suis fade.

LE GÉANT. Non.

SUZETTE. Dure.

LE GÉANT. Point.

SUZETTE. Coriace.

LE GÉANT. Je n'en crois rien ; mais, quoi qu'il en soit, tu t'y prends de manière à me désarmer ; ta voix est si douce avec cela !

SUZETTE. Voulez-vous que je vous chante une petite chanson?

LE GÉANT. Volontiers; je ne suis pas du tout ennemi de la joie, moi.

Suzette lui chante deux couplets avec une grâce, un charme qui font sourire le barbare anthropophage. Quand elle a fini, il lui dit : C'est très-bien, mon enfant; la chanson est jolie et tu la chantes à merveille... Mais je ne reviens pas de ma suprise. Tout ce que tu dis, tout ce que tu fais, me prouve que je ne t'inspire réellement aucune terreur.

SUZETTE. Aucune. On peut contenter des goûts particuliers; on peut être gourmand, friand, sans avoir pour cela un mauvais cœur, sans renoncer à la douceur de se montrer, parfois, humain, sensible, généreux et bienfaisant.

LE GÉANT. Tu as raison, ma jolie petite, et, pour t'en donner une preuve, je te rends la liberté, Sauve-toi, cours, et surtout garde-toi de rester long temps dans ce bois; car tantôt, si mon appétit me revenait, je ne répondrais pas.... Va t'en! — Grand merci, monsieur le géant.

Le géant Périférigérilérimini ouvre sa porte à Suzette, qui se sauve et a grand soin de ne pas regarder derrière elle, jusqu'à ce qu'elle soit chez sa mère.

Je ne vous peins point le désespoir de cette tendre mère, en apprenant la mort de deux de ses enfants. Mon but a été de vous prouver seulement que lorsqu'on est au pouvoir de plus fort que soi, la plainte, la violence, la menace nuisent plus qu'elles ne servent. Il y a toujours un moyen d'attendrir l'être le plus barbare. La résistance d'Isaure et de Charlot a courroucé le géant Périférigérilérimini; l'esprit et la douceur de Suzette ont vaincu sa férocité.

LE
Prince Canut.

Un jour, dans le temps que Canut, prince danois, occupait le trône d'Angleterre, il se trouvait sur le bord de la mer avec toute sa cour. Ses courtisans, qui étaient des flatteurs, comme c'est la coutume, lui dirent qu'il était le roi des rois et le maître de la mer et de la terre. Canut, qui avait de la religion et du bon sens, voulut se moquer de ses flatteurs, et leur montrer qu'il avait trop d'esprit pour être la dupe de leurs sots discours. Pour cela il plia son manteau et s'assit dessus; c'était dans le temps du flux de la mer, c'est-à-dire, dans le temps où la mer sort de son lit pour venir sur la terre. Canut, parlant à la mer, lui dit : « La terre où je suis est à moi, et je suis ton maître je te commande donc de rester où tu es, et de n'e point avancer pour mouiller mes pieds. » Tous ceux qui entendirent ces paroles, pensèrent que le roi était fou de s'imaginer que la mer allait lui obéir. Cependant elle avançait toujours, et vint mouiller les pieds du monarque. Alors Canut, se levant, dit aux flatteurs : « Vous voyez comment je suis maître de la mer! Apprenez par là que la puissance des rois est bien peu de chose. Il n'y a à la vérité point d'autre roi que Dieu, par qui le ciel, la terre et la mer sont gouvernés. »

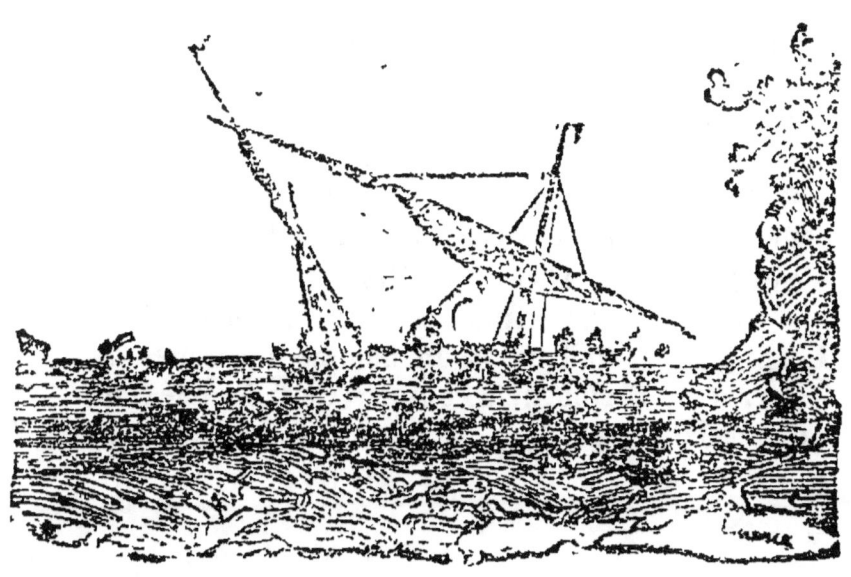

LA CHAUMIÈRE DU BUCHERON.

Il existait autrefois un bûcheron qui jamais ne l'aurait été s'il avait su mettre un frein aux débordements de sa jeunesse. Devenu orphelin dans sa vingtième année, il avait dissipé toute sa fortune en se livrant aux excès les plus coupables et était enfin descendu au dernier degré de la misère. Comme il avait dépensé sa richesse en véritable égoïste, c'est-à-dire sans accomplir une bonne action et sans que ses plus proches amis eussent participé en rien à ses plaisirs, par un juste châtiment du ciel, tout le monde l'abandonna dans son adversité, et, voué au mépris public et à ses remords, il se trouva seul pour soutenir le poids écrasant qui l'accablait. Il n'avait donc plus qu'à mendier son pain ; mais comme dans sa détresse il restait encore esclave de la vanité, il ne voulut point traîner ses haillons dans une ville qu'il avait déjà scandalisée par son luxe coupable, et, quittant le toit de ses pères, qui chaque jour lui causait les regrets les plus cuisants, il s'éloigna, un bâton à la main, et portant sur le dos la besace du pauvre. Après quelques jours de marche, il arriva sur la lisière d'une forêt, où il aperçut une petite habitation couverte de chaume. Exténué de faim et de fatigue, il franchit le seuil de la porte, pénétra dans l'intérieur, et y vit une jeune femme dont le visage, décoloré exprimait la douleur, et un homme à peu près de son âge, qui semblait la consoler. Cette femme était une pauvre veuve, qui, depuis un an, déplorait la mort de son époux chéri, et s'épuisait dans un travail pénible pour fournir à son existence, ainsi qu'à celle de sa petite fille, enfant rempli de charmes; l'homme assis à ses côtés était son frère, qui, humble habitant d'une chaumière voisine, venait chaque jour lui apporter quelque consolation. Notre voyageur implore le bienfait de l'hospitalité, touche le cœur de ses hôtes par l'histoire de ses malheurs, dont il a soin de déguiser la véritable cause, et parle si bien, qu'il est reçu comme un ami de la maison; on lui donne du pain, du laitage, quelques verres de piquette, et la nuit arrivant, le frère de l'hôtesse lui dit de le suivre, et le conduit dans son habitation, où, pour compléter sa conduite généreuse, il lui fait partager son lit.

Le lendemain et les jours suivants, la veuve vit arriver l'inconnu sous son toit; elle s'habitua à sa conversation, le plaignit de plus en plus, et bientôt la conformité des positions établit entre eux une amitié qui bientôt opéra une conclusion de mariage. Les premiers jours qui s'écoulèrent ne démentirent en rien les promesses de l'époux, et une lune de miel radieuse et fortunée éclaira l'intérieur de l'indigente chaumière, mais la pauvre épouse ne tarda pas longtemps à déplorer sa seconde union; l'ingrat sous la protection duquel elle avait abrité ses nouvelles destinées, reprit bientôt son caractère inhumain et sauvage, et brutalisa sans pitié celle dont quelques jours auparavant il avait juré de faire le bonheur. La petite Juliette elle-même devint la victime de ses emportements. C'était surtout dans l'excès du vin que ce caractère féroce puisait ses odieuses inspirations, et on le voyait tout sacrifier pour se livrer au penchant de l'ivrognerie. Devenu bûcheron contre son cœur, son orgueil froissé cherchait des consolations dans la débauche, et lorsque, par suite de ses déréglements, il perdait la raison, il devenait un véritable tyran domestique, et rudoyait deux êtres innocents, chez lesquels il avait trouvé asile, amour et protection ; souvent même il les laissait manquer du strict nécessaire et emportait dans sa main cruelle la dernière obole du logis.

Un jour, après une absence de plusieurs heures, il rentra dans la chaumière, la tête échauffée par le vin, et, après avoir frappé violemment ses deux victimes, il les obligea, quoique le soleil eût déjà fait les trois quarts de sa course, d'aller faire des fagots dans la forêt. La pauvre femme, douée d'une douceur et d'une soumission angéliques, prit par la main sa chère Juliette, et s'en alla faire du bois avec elle, non sans verser des larmes bien amères sur sa triste destinée. Arrivée au milieu de la forêt, elle fit rencontre d'une femme, qui s'approcha d'elle avec un sourire compatissant : « Je suis, lui dit cette dernière, la fée *Brillante*; je connais votre bon cœur et vos infortunes; prenez courage, le ciel m'a conduite sur vos pas pour adoucir votre sort. Pour ne pas être en défaut, ramassez du bois, ainsi que vous l'a ordonné votre époux, rentrez au logis sans vous plaindre, et s'il a la cruauté de vous maltraiter de nouveau, dites à voix basse : *Fée Brillante, protége-nous*, et soudain la colère du monstre deviendra impuissante. »

La fée disparut à ces mots, et, au bout d'une heure, la mère et la fille regagnèrent la chaumière, où elles furent maltraitées plus que jamais, sous le prétexte que leurs fagots étaient trop petits. Aussitôt la malheureuse épouse employa la recette que lui vait transmise la fée, et, par un subit enchantement, son mari brutal se sentit les bras paralysés et la langue muette. Cette punition dura huit jours. Elle aurait dû le corriger; il n'en fut rien, car, redevenu dispos, son premier soin fut de se venger sur ses deux victimes, qu'il regardait comme les auteurs du mal qui venait de le frapper. La mère de famille, quoique sans fiel et sans rancune, fut obligée de recourir de nouveau à sa recette magique; elle invoqua la fée *Brillante*, et le même enchantement se reproduisit sur le mari coupable, dont l'exaspération fut telle, qu'il tomba dans un anéantissement complet. Son épouse, craignant pour ses jours et conduite par son bon cœur, alla dans la forêt pour y rencontrer la fée. — Bonne et tendre protectrice, lui dit-elle, mon mari est bien criminel sans doute, mais peut-être se corrigera-t-il enfin; n'attendez pas le délai voulu pour lui rendre l'usage de ses membres et de la parole, car Juliette et moi nous souffrons trop de le voir en cet état. — Je cède à votre prière, dit la fée *Brillante*, mais votre générosité et la mienne n'auront pas leur récompense, car votre époux incorrigible doit retomber dans les mêmes excès. Puisque vous le voulez, vous serez obéie, mais ce sera pour la dernière fois.

La bûcheronne revint au logis, où elle trouva en effet le malade complétement guéri; mais l'oracle de la forêt n'avait rien exagéré. Le méchant bûcheron, dont le cœur était fermé à tout repentir et ouvert à tous les vices, passa huit jours dans une honnête sobriété, mais, au bout de ce temps, l'amour du vin reprit sur lui tout son empire, et le poussa dans les mêmes brutalités. Le châtiment ne se fit pas attendre, mais cette fois ne fut point l'ouvrage de la malheureuse épouse, qui, par excès de générosité, n'ayait point voulu prononcer les fatales paroles. La fée *Brillante*, dont les yeux étaient constamment ouverts sur le coupable, fit agir sur lui son infaillible pouvoir, de telle sorte qu'il en mourut au bout de quelques jours; mais le ciel, en tirant vengeance d'un homme ingrat, débauché et cruel, voulut récompenser la vertu, le bon cœur et la douce résignation de la bûcheronne. Par un coup de baguette de la fée *Brillante*, la chaumière de la veuve fut changée en une maison élégante et commode, où, avec sa chère Juliette, elle trouva toutes les aisances de la vie et la récompense des belles qualités qui avaient toujours orné son âme.

FIN.

Paris. — Imp. Ch. Bonnet et Comp., 42, rue Vavin.

Le Héron.

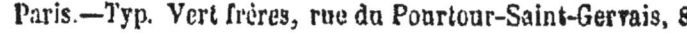

Paris.—Typ. Vert frères, rue du Pourtour-Saint-Gervais, 8.

www.ingramcontent.com/pod-product-compliance
Lightning Source LLC
LaVergne TN
LVHW051501090426
835512LV00010B/2277